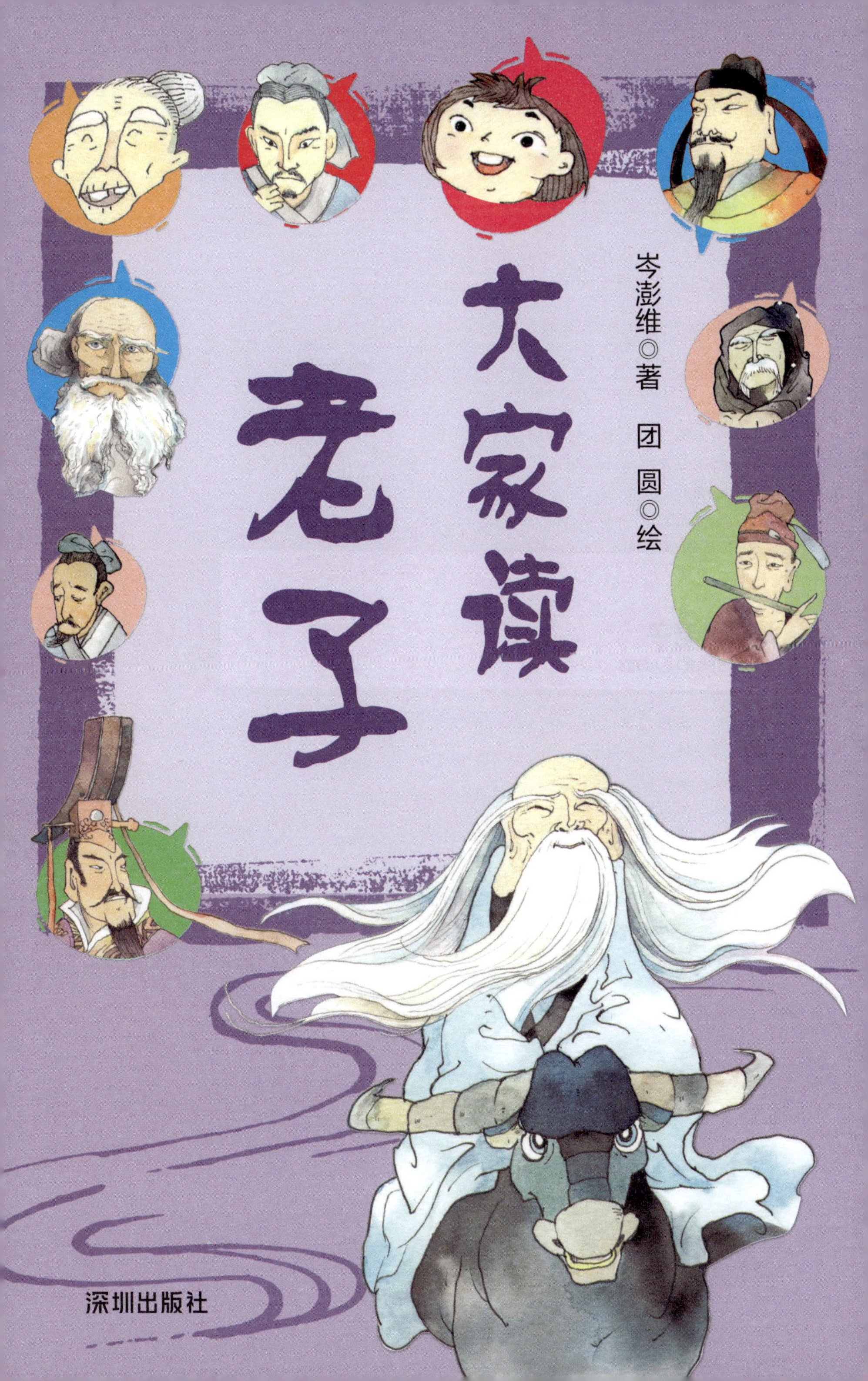
大家读老子
岑澎维◎著
团 圆◎绘
深圳出版社

图书在版编目（CIP）数据

大家读老子 / 岑澎维著；团圆绘. -- 深圳：深圳出版社，2025.3

ISBN 978-7-5507-3930-7

Ⅰ. ①大… Ⅱ. ①岑… ②团… Ⅲ. ①《道德经》-儿童读物 Ⅳ. ① B223.1-49

中国国家版本馆 CIP 数据核字（2023）第 211966 号

版权登记号 图字：19-2023-360

中文简体版通过成都天鸢文化传播有限公司代理，经财团法人国语日报社授予深圳出版社有限责任公司独家发行，非经书面同意，不得以任何形式，任意复制转载。

大家读老子

DAJIA DU LAOZI

出 品 人	聂雄前
责任编辑	叶 晓 何 滢
责任校对	张丽珠
责任技编	梁立新
装帧设计	李木子

出版发行	深圳出版社
地 址	深圳市彩田南路海天综合大厦（518033）
网 址	www.htph.com.cn
订购电话	0755-83460239（邮购、团购）
印 刷	深圳市华信图文印务有限公司
开 本	889mm×1194mm 1/32
印 张	5.75
字 数	120 千
版 次	2025 年 3 月第 1 版
印 次	2025 年 3 月第 1 次
定 价	39.80 元

作者序

澎维老师说：

浑身魅力的中国龙

“我要读《老子》[1]！”

这是十多年前的事了，强烈的意念，像一股电流，震得我一刻也不想多等待，我要去买《老子》，我要仔细地研究它！

那意念为什么这么强烈？只有我知道。因为它的背后是无限惭愧：这股电流，竟是从一个外国人身上传过来的。

①《老子》：也称《道德经》，是道家的主要经典著作，相传是老子所著。

《地海巫师》作者厄休拉·勒古恩笔下那个神秘幽远的世界，为什么就像近在眼前那样熟悉？她的文字里，为什么有一种云淡风轻的魅力，让人乐于亲近？

当我知道勒古恩花了四十余年研究《老子》，并且翻译、注解《老子》之后，这些疑惑就层层解开了。征服我的，正是她笔下的恬静淡然。

疑惑层层解开之后，随之而来的却是更大的疑惑——为什么一个外国人，要耗费这么多的精力，来研究这本中国经典？

接下来，我知道《老子》是世界文化名著总销量最高的一本书（联合国教科文组织2016年的统计数据）；接着，我又知道了，《纽约时报》曾列出世界古今十大作家，老子李耳排名第一。还有还有，爱因斯坦的书架上放的书并不多，但其中有一本就是德文版的《老子》。

在国外，有许许多多的人，他们细读《老子》，他们都深受老子感动。

在古代，孔子去见老子，回来之后，好久好久都说不出话来，等他回过神来，才对弟子说，老子就像天上的龙一般哪！

这龙一般的老子，散发出无比的魅力，他留传下来的《老子》，只有短短五千多字。这五千多字，就足以让古今中外无数读书人深深着迷。

我们还有什么理由不读《老子》？

就像玩家必备的游戏过关宝典一样，老子也在两千多年前，为我们写下这本“人生的过关宝典”。任何人都能从《老子》这本书里，找到攻克难关的方法。它用清静淡泊的方式，告诉我们如何求得内心的平静。

在学校里得了奖，心情很快乐，这时候读一读《老子》，高涨的情绪很快就能平静下来。在学校被老师念了几句，翻开《老子》看一看，也能让低沉的情绪，在省思中得到平抚。

《老子》就是这样，任何时候读它，都能感受到老子正用他丰富的人生经历，告诉我们正确的处世观念。阅读《老子》，心情是愉快的——一种满是收获的愉快。

这是一本让人想一看再看的书，不信你试一试。

目录

01 / 百年李树说：满城的紫色雾气

我是一棵有百年历史的李树，生长在春秋时代楚国一个叫“曲仁里”的村子。曲仁里附近，千年以上的老松树多得是，一棵百年李树，称不上什么了不起。可是，我亲眼看见一件神奇的事，我可以谈谈这件事。

那是我少年的时候，还只是一棵十几岁的李树，在我们楚国苦县厉乡的曲仁里，一个年轻的妇人怀孕了。

这个年轻的妇人，长得十分清秀，我常看

到她小心翼翼地挺着肚子在村子里走动。

李花盛开的时候，她常常到我身边来，从我身上摘下一朵花，放在鼻尖前，深深地吸一口气，然后插在发髻上。

妇人就像这个开满桃花、李花的曲仁里一样，朴素又淡雅。

好不容易九个月过去，娃娃该出生了，我看过好多孕妇都是这样的。

但是她没有，她肚子里的娃娃还不想出来，这也是常有的事。十个月了，依旧没有动静，十一个月、十二个月……这就不是常有的事了。

我身上的李花渐渐凋谢，结出累累果实。天气温暖的时候，我满身酸涩的果子变得饱满多汁。妇人攀下一小段枝条，摘下一颗李子，坐在我身边，慢慢地吃了起来。

“这真是咱们曲仁里最甜的李子！”她说得我心花怒放，让我好得意。

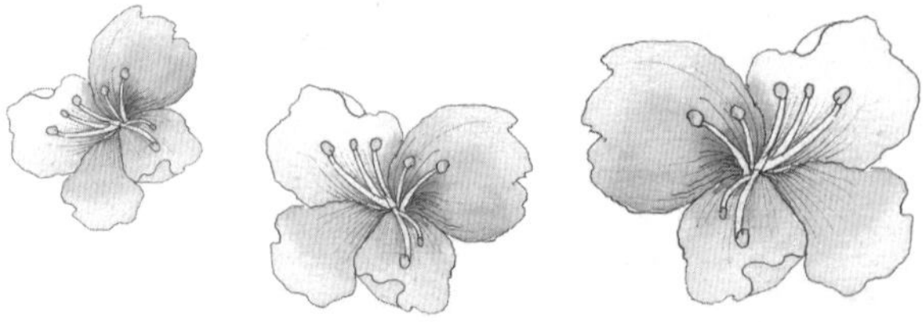

春去秋来，我们树木最能感受到四季的变化。花开花谢，一年、两年、十年、二十年……过去了。

年轻的妇人不再年轻，她的头发渐渐花白，身体有点佝偻，只有隆起的肚子仍然没有消下去。

每年花开的时候，她每天都到我身边来，摘下一朵花插在发髻上，就像是对我的赞美。

她的丈夫李乾去世的时候，娃娃还是没有出生。

又过了好几年，妇人脸上的皱纹越来越密，交织成一幅美丽的图案，让她看起来慈祥又端庄——她已经是一位老婆婆了。

这年春天，村子里的桃花开得最美，杏花也绽放得好娇艳，苍翠的古松像蟠龙一样，精神特别抖擞。我也不知道哪里来的神力，开出

一树像白雪一样的花朵来。

放眼望去，整个曲仁里笼罩在一层紫色的雾气之中，隐藏着一股神秘的祥瑞之气。

这一天早晨，老妇人走到我身边，摘下一朵洁白的花朵，拿到眼前仔细地看着。

“真美！”说完，被摘下的那一朵花，没有被插上发髻，只轻轻地滚落在地上。老婆婆坐下来，抱着肚子痛苦地呻吟。

“我，我……我的肚子怎么这么痛啊？”老婆婆小声地说。

她疼得难以忍受地抱着肚子，

轻声地问：“天哪，难不成——我这是要生孩子了？”

不会吧？我心里想。如果她真是要生孩子，让我数一数——三十、四十、五十、六十、七十、八十、八十一！她怀孕整整八十一年了！

是婴儿的啼哭声！老婆婆真的生下了孩子！

“这……这，这是怎么回事啊？”我慌张，我手足无措，我目瞪口呆，我无法置信，我……一个娃娃就在我身边出生了！我的天哪，这还是头一回呀！

直到大半个时辰之后，来曲仁里探望亲戚的莱婆婆站在我面前，我才像大梦初醒一样。莱婆婆抱起娃娃，对着已经昏过去的老婆婆喊了又喊。

莱婆婆没有办法一次救两个人，她抱起孩

子到村子里，找来几个人一起帮忙。

小娃娃的哭声传得好远好远。后来，我再也没有见过那个老婆婆，她再也没有来摘下我身上的小花，插在发髻上了。

紫色的雾气依旧像一层薄纱，笼罩着我们这苦县厉乡曲仁里。我看着自己一身灿烂的花朵和四周龙腾一样的老松、茂盛的桃花，心里想：这娃娃，一定有什么不一样。

原典欣赏

老子，楚国苦县濑乡曲仁里人。姓李，名耳，字伯阳，一名重耳，外字聃。身长八尺八寸，黄色美眉，长耳大目，广额疏齿，方口厚唇，额有三五达理，日月角悬，鼻有双柱，耳有三门，足蹈二五，手把十文。周时人，李母八十一年而生。

——《史记·老子韩非列传》正义注（本章取材）

*书中小故事依托原典进行演绎，旨在帮助读者们更好地理解故事。

02/ 莱婆婆说：方面大耳老娃娃

我是莱婆婆。

我一生最大的遗憾，就是没有给我那当家的莱爷生下一男半女，好为莱家传宗接代。为了这事情，我在庙里不知道求了多少回，求到我们年纪都大了，才无奈地接受这事实。

“有个孩子做伴，多好哇！”我常看着有孩子的人家，羡慕地说。

也许是上天被我的诚意感动了。那天我到曲仁里去探望亲戚时，没想到就这么让我捡到

一个孩子。李奶奶生下小娃娃后就离开了人世，小娃娃没人带，我顺理成章地成了小娃娃的娘。

当家的莱爷一看这娃娃，喜欢得不得了，开心地把他抱在怀里，舍不得放下。

“老伴哪，你给这娃娃取个名字吧！”我开心地对莱爷说。

“呵呵呵，取名字，我这可是头一回呀！”

莱爷抱着娃娃想了好久。我和莱爷没读过书，也不识字，取名字对我们来说，可是件大事。

“取什么名字好呢？”莱爷茶不思饭不想，一心只想着这事。

“老伴，吃了饭，休息休息再想吧！”

莱爷随便吃了几口饭，又抱着娃娃想名字。

“这娃娃方面大耳，长相好，得给他取个好名字！”莱爷专心地看着娃娃。

突然，他站了起来，说：“他这对耳朵最特别，我活这么大岁数，没见过谁的耳朵长得这么好。就这么办吧，我给他取名叫‘耳’！”

莱爷开心地笑了：“老伴儿，这娃娃在李树下诞生，他亲爹又姓李，就叫他‘李耳’，你说好不好哇？”

“好！好！这个名字取得真好，一看就知道是他。”

耳儿长得很快，根本就不像同年龄的孩子。有时候，我看着他的脸，不知道为什么，总觉得他满脸风霜，加上小小年纪就有几根白发，看起来好像跟莱爷年纪差不多呀！

不过，我们这耳儿，聪明伶俐。别人还在牙牙学语，他就能讲得一口流利的话，将事情表达得清清楚楚。

这孩子心地也很善良，从小就不忍心伤害小动物，甚至连小蚂蚁、小菜虫，他都不愿意捏死它们。

我和莱爷省吃俭用，就是为了让耳儿能跟

着老师学习。我和莱爷都没有读过书，现在就这么一个孩子，再苦也要供他跟着老师认识几个字。

耳儿读书，我们两个也帮不上忙，只能靠他自己。幸亏老师说他聪明，一教就明白，我们才放心。我只知道他爱看书，每次让他去放牛，他都带着那些又沉又重的竹简去。

有一天，这孩子为我们两个端茶，跨过门槛的时候，一不小心被绊倒了，看得我们两个又担心又心疼，这一跤一定跌得不轻。

“耳儿！”我和莱爷一起大声地喊。

“哇——啊！”没想到这孩子，年岁也不小了，竟然跌坐在地上，哇啦哇啦地学小娃娃哭了起来。

我连忙过去看看，这孩子啊，就学着小娃娃在我身上撒赖，逗得我们老两口笑得眼泪都掉了下来。我了解这孩子，他一定是怕我们担心，故意这么逗我们的。

感谢老天爷，赐给我们这么一个孝顺的孩子。有了他，我和莱爷再也不觉得孤单！

原典欣赏

古书上与老子生平相关的记载：

老子者，楚苦县厉乡曲仁里人也，姓李氏，名耳，字聃，周守藏室之史也。

——《史记·老子韩非列传》

老子是楚国苦县厉乡曲仁里人。他姓李，名耳，字聃，是周朝掌管图书馆藏书的史官。

03 / 金宝儿说：隐阳山下放牛去

我叫金宝儿，李耳是我小时候的玩伴，我们一起放牛，一起到河边泡水、打水仗。

在我们家乡苦县东边，有一座几乎跟云一样高的山，叫“隐阳山”。主峰的东南边有座小山峰，这座背脊绵延、高低起伏的山岭，怎么看都像一头躺着休息的牛。加上它一年四季都青翠碧绿，所以我们家乡的人，都叫它“青牛峰”。

我和李耳常赶着牛，到青牛峰下放牛。李

耳一边放牛，一边说故事给我听。不知道他哪里听来的故事，怎么讲也讲不完。我努力记着故事，好回家讲给我娘听，偏偏每次都记不住，回到家全忘了。

“真是的！如果我有李耳一半聪明就好了。”我常常这么想。可是，心里也常不服气：

为什么他懂这么多，而我什么也不懂？所以我会故意考他：“那你说说看，那青牛峰到底是一座山还是一头牛？”

“那青牛峰是浑天老祖的一头耕牛化作的，它下凡来等它的主人。它遇见主人就会现出原形来，助主人一臂之力。”

“那明明就是一座山，你怎么说它是头耕牛！”

“金宝哥，你听我说……”

李耳就是能妥妥当当地解释清楚，我年纪虽然比他大，对他却是既羡慕又敬佩。

有一次，我们几个孩子在河里玩水。从隐阳山流下来的那条河，河水冰冰凉凉的，夏天泡在里面特别舒服。那一天，有人提议跳水，大伙儿前呼后拥地爬上岸去，再爬上树梢。

每个人找了一个自认最适当的位置，站在树上顺着树枝的弹力，弹着，弹着，跳！

从半空中的树枝上跳进水里，那感觉真是刺激呀！接着是小柱子、王大成他们一个一个跳进水里，溅起白花花的水花，大家都觉得过瘾。

李耳年纪最小，他在树枝上弹哪弹，大概是他犹豫的一瞬间，让他重心不稳，落下来的时候，竟然倒栽进水里。

李耳不仅脑袋碰着石头，擦破了皮、流了血，而且呛了水。我们连忙把他送到岸上，他休息了好一阵子，才骑上牛背回家。

莱婆婆知道这件事以后，不准他再到河里玩水。李耳也很听话，不管我们怎么说，他都绝不下水。有一天，李耳告诉我："金宝哥，以后我不能再给你讲故事了。"原来莱爷爷打

算送他到城里去跟一个教书的先生读书。

好长一段时间，我放牛的时候还会想着李耳，盼着他再回来给我讲故事。

后来齐国背弃盟约讨伐鲁国，晋国就联合十一个国家去讨伐齐国。战乱让李耳回到曲仁里来，我们又一起放牛了。

李耳认识字以后，就不大讲故事给我听了。放牛的时候，他常常都是手上拿着竹简，一边放牛一边读书。有时候我还要帮他顾着牛呢！我看他读得浑然忘我，猜想读书一定是件快乐的事，于是也要求李耳教我读书。

可是啊，读书也得是读书的料。我不是那块料子，他教我的字儿，我隔天就全忘了。

过了几年，李耳读的书越来越多，学问也越来越丰富，就在城里找一个地方讲学，和别人讨论自己的想法。

我曾经也去听他讲学。听他讲学的人还真不少，有很多是远道而来的呢！

“天道就是自然，顺应天道，一切自然不必强求……”他讲些什么，我完全听不懂！我只看到他盘着腿坐在大树下，听课的人也像他一样，盘腿围着他坐。

每个人都静静地听，有时候有人提出一些问题，李耳也详细地回答。这个时候，大家都称他“伯阳先生”。

看来，我也不能再叫他李耳了，我要像个读书人一样，称他“伯阳先生”。

我听到有人称呼他“老子”，也许是因为他姓李，“李”字和“老”字在我这个不识字的人看来，都是一个样子。大概也是这样，本来要称他“李子”的人，就称他“老子”。反正他看起来有点老，这个称呼很适合他，一听就知道是他。

我本来想跟老子学点东西的，但是什么也听不懂，我还是回青牛峰下继续放牛吧。

原典欣赏

有物混成，先天地生。寂兮寥兮，独立不改，周行而不殆，可以为天下母。吾不知其名，强字之曰“道”，强为之名曰“大”。大曰逝，逝曰远，远曰反。

故道大，天大，地大，人亦大。域中有四大，而人居其一焉。

人法地，地法天，天法道，道法自然。

——《老子·二十五章》

有一个混沌复杂的东西，比天地还早出现。它没有声音，也没有形体，却独立自在，永不改变，循环运行，永不疲倦，称得上是天地万物的根本。我不知道怎么称呼它才适当，姑且称它为“道”，勉强用“大”来描述它。它广大无边而运行不息，运行不息而伸展遥远，伸展遥远而又返回本原。

所以说道大，天大，地大，人也大。宇宙间有四大，人是其中之一。

人要以地为法度，地以天为法度，天以道为法度，道以自然为法度。

04/ 南宫敬叔说：国家图书馆馆长

我是鲁国大夫，也是孔子的学生。

当年，父亲孟僖子要求我和兄长一定要跟随老师学习。我们听从父亲的建议，跟在老师身边学习。老师的学问是那么丰富，但是老师吸取学问却从来没有满足过。

有一天，我去拜见老师，老师对我说：“老子学识渊博，正是上天为我安排的老师，你愿意同我一起去拜访他吗？”

我看见老师的眼里闪耀着希望的光彩，立

刻答应一同前往。

于是我去见国君，请求国君给我们一点资助。国君立刻答应给予车一辆、马两匹，以及童仆和车夫，有了这些我们就能启程了。

我跟随着老师，带着一只大雁当作礼物，从鲁国到周都洛邑，去见这个传说中一身学问的人。

老子这时候是周朝的国家图书馆馆长，管理大批典籍，他亲自热情地接待我们。这位白发苍苍的学究，不修边幅，两眼炯炯有神，却又亲切和善得像神仙一样。他那一身的学问，一定是长久泡在书堆里浸染出来的。

这是老师第二次见老子，却是我第一次见到这个仰慕已久的学者。

“好多年不见，先生还记得我吗？”老师

向老子行礼问候。

“记得，记得，怎么会不记得呢？仲尼先生。”老子也向老师回礼。

老师要我送上大雁，我也立刻行拜见礼。老子收下大雁，抱在怀里，笑得好开心哪！

“呵呵呵，你们千里迢迢带着它，真是有人情味的礼。我先好好地欣赏欣赏它，过几天再放它回到大自然去吧。”

老师迫不及待地向老子请教：“如果一个国家礼崩乐坏，官吏贪污受贿，百姓好勇斗狠、不知礼仪，那它迟早要灭亡。我想要用周朝的礼、乐来让官吏清廉，让百姓知道退让，先生能不能教导我呢？”

“少了礼仪，人与禽兽就没有什么分别了。可是，仲尼先生，对于周礼，我也只知道一些，并不完全通晓。”

这时候，老师拱手请老子唤他“仲尼”就行了。老师知道老子的学问深厚，这是他谦虚的说辞。

于是老师从日常生活中的宴客开始问起：主人应该坐在什么位置，客人应该坐在什么位置；饮食的礼仪，喝酒的礼仪，迎接客人、送别客人的礼仪；孝敬父母、为人子女应有的

礼节……

大大小小的事，老师一件一件详细询问，老子也根据他所知道的，仔仔细细地回答。

老师在周都洛邑，还参观了“明堂”。那是天子举行大典的地方，四周有许多先圣帝王的画像，旁边有他们的事迹记录。老师在那儿徘徊了很久。

离开周都洛邑的时候，老子亲自送行。他握着老师的手，亲切地跟老师说：“我听说富贵的人为人送行，会送一些钱财；有仁德的人为人送行，则是送几句话。我不是富贵的人，就私下把自己当作有仁德的人，送你几句话吧！”

老师和我都振奋起精神来，我们这一趟的目的，不就是想听听老子的话，吸取他的学问吗？

于是我们静静地聆听。

“头脑灵活又看得深入的人，常常把自己困住，原因就是喜欢评论别人；口才好又有学问的人，往往容易遭遇到危险，原因就是喜欢揭发别人的错误。”

老师仔细聆听老子的话，不断地点头。

老子又继续说：“为人子女要心系父母，不该只想到自己；为人臣子要心系君上，不能只顾自己。”

老师低下头，仔细地记住这些话，谦虚地跟老子说：“孔丘恭敬地接受先生教诲。”

老师从洛邑回到鲁国后，推行他从老子那儿学来的周礼。他的学说受到更多的尊重，来跟随老师学习的弟子也越来越多。我大略地算一算，有三千人呢！

跟老师去见老子，我的收获也不少哇！

原典欣赏

老子送之曰："吾闻富贵者送人以财，仁人者送人以言。吾不能富贵，窃仁人之号，送子以言，曰：'聪明深察而近于死者，好议人者也。博辩广大危其身者，发人之恶者也。为人子者毋以有己，为人臣者毋以有己。'"

——《史记·孔子世家》（节录）

老子为孔子送行时，说："我听说富贵的人为人送行，会送一些钱财；仁义的人为人送行，则是送几句话。我不是富贵的人，就私下用仁人的名义，送你几句话吧：'一个聪慧且能洞察一切的人，却常遭遇困厄、濒临死亡，那是因为他喜欢议论别人。学问渊博、善于辩论的人，却常让自己深陷危险，那是因为他喜欢揭发别人的罪恶。为人子女的应该心系父母，不该只想到自己；为人臣子的应该心系君上，不能只顾到自己。'"

05 / 子贡说：
悠游云端的神龙

“老师，可以出发了。”

我为我的老师孔夫子，准备好出远门的装备。一切都收拾妥当了，老师要我再一次确认，看看该带的礼物是不是都带了。

老师看看自己的衣裳，都穿戴整齐了，才坐上我为他准备的马车。

当老师跟我说要去见老子的时候，我心里免不了有点疑惑。这一路翻山越岭、千里迢迢，要花多大的精力才能见到老子啊？

但老师还是坚持要去，因为距离上一次老师和南宫敬叔师兄去见老子，已经过了十七年。

老师一直念念不忘他十七岁那一年，第一次和老子见面的事。

那一年，老子来到鲁国，老师特地去拜见他，并且向老子请教了一些关于葬礼的事。

老师印象最深刻的，就是当时老子为人主持葬礼，出殡的时候遇上日食，一时之间天色暗了下来，老子立刻要大家停下。

“队伍停下来，靠在路右边，所有的亲属停止哭泣，等日食过了再走。”

丧礼结束之后，老师向老子请教为什么要这么做，老子告诉老师：“诸侯朝见天子，大夫出使到别的国家，都是日出动身、日落休息；只有罪犯和为父母奔丧的人，才会披星戴月地赶路。日食的时候，天色晦暗，也许星星会出来，所以要在路边停下来，等日食过了再走。”

这件事，老师说了很多次，他觉得向有智慧的人学习，是一件快乐的事。

三十多年过去了，老师仍然对老子仰慕不已。

老师坐在马车上，衣带随着轻风翻飞。马车驶出了鲁国，往南前进。几天几夜地奔走，老师终于来到沛地见老子。

老子带着他的学生文子出来迎接老师。

七十多岁的老子，身形枯瘦，站立在风里像是一棵苍劲的松树，精神非常好。

他爽朗地对老师说："你来啦？我还记得你呢，经过了这么久，你应该已经领悟我说的'道'了吧？"

老师也笑了起来，说："还没有呢，所以我才会再来见您哪！"

"这'道'哇，是没有办法传授给别人的，只能靠你自己慢慢去体会。"

两位先知边走边聊，越聊越起劲。其间，老师经常和老子谈论他所主张的"仁义"，但是老子并不欣赏这个。

"古时，对有道德修养的人来说，'仁'，只是一条道路；'义'，是暂时借住的地方。他们遨游在一个自由自在、无拘无束的境界。"

老子继续说："在这个境界里，吃简单的食

物，过逍遥的生活，没有需求，不必施予。古时候，人们称这种境界是‘顺应自然的遨游’。”

“好一个‘顺应自然的遨游’！”老师露出向往的神情。

老子抚着他苍白的胡须说：“这种境界，就是‘无为’的境界。”

老子又继续说：“那些认为财富、显贵、权力很重要的人，没有办法抛开利益、名声和掌握的大权。拥有了这些，又整天害怕不安；放弃了这些，心里却又忧愁痛苦。”

老子的话真是说到我的心底去了，我做生意经常东奔西走，不就是为了追求财富？

回到鲁国之后，老师还不断回想老子跟他聊过的话，整整三天，一句话也不说。

有师弟问老师：“老师，您见到老子了，您

给他什么劝勉了吗？”

这时，老师才幽幽地说出一句：“我终于看见真正的‘龙’了！老子就像一条悠游在云端的神龙，他带给我的启发，让我张开口久久不能合拢，我还能有什么可以劝勉他的呢？”

“龙”是什么？没有人看过，它是无形的，就像真理，那是没有办法用言语说明的。

老师只能从神龙留下来的痕迹，去想象那“顺应自然”的境界，那是老子所在的境界。

原典欣赏

孔子去，谓弟子曰："鸟，吾知其能飞；鱼，吾知其能游；兽，吾知其能走。走者可以为罔，游者可以为纶，飞者可以为矰。至于龙吾不能知，其乘风云而上天。吾今日见老子，其犹龙邪！"

——《史记·老子韩非列传》（节录）

孔子离开老子后，对弟子们说："鸟，我知道它能飞；鱼，我知道它能游；兽，我知道它能跑。会跑的可用网捕获，会游的可用丝线垂钓，会飞的可用弓箭来射击。至于龙，我就不知道该怎么办了，它是驾着风云而飞上天的。我今天见到老子，他就像一条龙啊！"

06 / 关令尹喜说：

老先生，请留步

清晨的山谷，安静极了，鸟叫声从四面八方忽远忽近地传来时，太阳还懒洋洋地没爬上山岗呢！

我驻守在这险要的函谷关，不是我睡不着，而是这清晨山里的空气特别吸引人。它新鲜得像含苞的花朵，吸引着我每天早起，登上城楼自在地呼吸。

这一天早晨，我像往常一样，一步一步登上城楼。这一天的空气，除了清新，竟然还带着一股不寻常的淡香。

“啊！”我深深地吸了一口，让它停留在我胸中，再慢慢地呼出去。这空气特别芬芳，却不是花香。

当我睁开眼，从城墙上远望东方时，一个新的发现震惊了我。这一天的空气，不仅散发

着芳香，还带着淡淡的紫色雾气。

“是圣人降临的迹象！”我立刻走下城楼，到这两山之间唯一的道路等候。

大概经过一个时辰的光景，远方道路上出现一个小小的身影，朝着这函谷关慢慢走来。

“老——喜——呀！”就在我还在张望那是什么人的时候，远远地，便听到有人呼喊我的名字。那声音怎么会如此苍劲？

紫气之中，我看见我尊敬的老子——伯阳先生，他跨坐在一头青牛的背上，从紫气里慢慢走来。

“伯阳先生，是您吗？”

“老喜，没错，是我。”

“伯阳先生，这么早，您要到哪里去呀？”

伯阳先生曾是国家图书馆的馆长，读过许

多书，拥有高深的学问。

“周朝快乱亡了，周朝快乱亡了呀！”

“伯阳先生，您怎么这么说呢？”

“怎么不能这么说？你看，朝政废弛，周室衰微，不是要乱亡了是什么？”

“伯阳先生，您一身学问，在国家衰微的时候不出来救国救民，骑着青牛要到哪儿去呀？”

我看着伯阳先生红润发亮的脸，虽然他的胡须、头发都已苍白了，满脸也都是皱纹，但精神仍然好得很，他一定有办法让周朝强盛起来。

“没有用啦！我讲的，没有人听得懂啦！礼崩乐坏、文化腐败，天子要的是一服就见效的特效药，没有人懂我的那一套！”

“鲁国的孔丘不就很仰慕您的学问吗？”

“孔丘懂我，但是他也对眼前的局势无可

奈何。他懂，他又能怎么办？”

伯阳先生的语气里，掩藏不了失望的情绪。

“那么，您要到哪儿去呢？”我恭敬地请教伯阳先生。他从东边的洛邑往我这函谷关而来，出了这关口，就是秦国。

“秦国，我要离开中原到秦国去！”

“伯阳先生，请您留步！”在伯阳先生往西向秦国去之前，我冒昧地挽留他，请他在这两山对峙的函谷关里，住上几天，也许他会改变心意也说不定。

“伯阳先生，您满腹学问，什么也不留下就出关到秦国去，不是很可惜吗？”我这么跟伯阳先生说。

“满肚子的学问有什么用？没有人懂啦！”伯阳先生固执地说。

“如果您真的要出关，能不能请您留下一些什么，好让我在这深险、无趣的山谷里，有东西可以读一读？”

伯阳先生叹了一口气说：“好吧，我就留几个字给你吧！”

伯阳先生在这幽静的函谷关中住了下来，在竹简上留下五千多个字。完成之后，他还是坚持要出关。

最后，伯阳先生是倒骑着青牛离开的，可能是因为他对周朝还有依恋吧。

多少年过去了，我的脑海里一直留存着伯阳先生的模样，他的牙齿已经脱落，声音有点含糊：“‘道’如果可以说清楚，那就不是永恒的‘道’；‘名’如果说得出来，那就不是真正的‘名’了……”

原典欣赏

关令尹喜者，周大夫也。善内学，常服精华，隐德修行，时人莫知。老子西游，喜先见其气，知有真人当过，物色而遮之，果得老子。老子亦知其奇，为著书授之。后与老子俱游流沙，化胡。服苣胜实，莫知其所终。尹喜亦自著书九篇，号曰《关尹子》。

——《列仙传·关令尹》（本章取材节录）

07 / 齐桓公说：真功夫无法言传

我是齐国的君主。我喜欢读书，没事的时候，我总是手不离书，认真阅读圣人之言。我相信一书在手，治国不愁。

圣人的言论，是我治国的方向。他们把一生的经历、心得，化作文字留传下来，我把这些当作借镜，时时警惕自己。

我一直以为，我这么做是对的。没有想到，我这个观念，竟然被一个做轮子的工匠打破。

这一天，我在堂上读书，“轮扁”这个做

轮子的老工匠在堂下认真地做轮子。有时候，我会抬起头来看一看他工作的样子，他刨木头、凿车轮中心，一点也不马虎。

做着做着，轮扁放下手中的工具，上前来看看我读的书，然后抬头问我：“君主哪，您读的是什么书呀？”

"是圣人留下来的言论。"

轮扁听完，走下台阶继续他的工作，但是脸上浮现不以为然的神情。这神情让我看不下书，忍不住问他："轮扁，你有什么话要说吗？"

"您说您读的是圣人留下来的话，那圣人还在吗？"

"圣人已经不在了。"

轮扁放下手中的锥子，说："圣人既然已经不在了，那么您所读的，只不过是圣人留下来的糟粕罢了！"

这轮扁说话越来越不像话，完全不经过大脑，也没有给我留一点面子。我不好好惩戒他，他以后一定还会胡乱说话。

"寡人读书，你一个做轮子的工匠，怎么能随便议论？你说说看，说得有道理就饶了你，说不出道理，寡人要处你死罪。”

轮扁不慌不忙地说：“我只是从我的经验来说话。您看看我做轮子，我把孔洞凿大了，车轴就会松动不牢固；孔洞凿小了，车轴就会太紧装不进去。要凿得不大不小，才能不松不紧，恰到好处。”

我听了，恨不得马上把这轮扁拖出去砍了。这跟我看书有什么关系？

轮扁看我一脸怒气，立刻接着说：“君主，这不松不紧，恰到好处的功夫，您听我说得轻松，做起来可不容易呀！这就是我这行业的诀窍。”

“那又如何？”

“我活到现在，七十岁了，一辈子都在做轮子，这个诀窍，我花了几十年才摸索出来。但是，我没有办法把它传给我的儿子，我的儿子也没有办法从我这里学到要怎么做才能做到刚好，他也必须自己好好摸索。”

轮扁说得认真，但我仍然不明白，这与我读圣人书有什么关联。

“那又如何？”我继续追问。

“所以我说，书上记载的都只是没有用处的学问。圣人逝去了，他们无法言说的心得也随着他们消失了。您所读的，也只不过就是圣人留下来的糟粕！”

我看着这个七十岁的老工匠，心想：孔洞要凿到不大不小刚刚好，谁都可以说得出来，但是怎么做才能凿得不大不小，这就没有办法用言语来说明，只能靠经验了。

我想从这些圣人留下来的书里，找出古人治国的方法，但它真的就像轮扁讲的，那些方

法都是无法用言语留传的呀！

有许多事物，是不能言传的，轮扁说的不是没有道理呀！

这个做轮子的轮扁看得明白，为什么我每天看圣人的书，却没弄明白这道理呢？

原典欣赏

桓公读书于堂上，轮扁斫轮于堂下，释椎凿而上，问桓公曰：“敢问，公之所读者何言邪？”

公曰：“圣人之言也。”

曰：“圣人在乎？”

公曰：“已死矣。”

口：“然则君之所读者，古人之糟魄已夫！”

桓公曰：“寡人读书，轮人安得议乎！有说则可，无说则死。”

轮扁曰：“臣也以臣之事观之。斫轮，徐则甘而不固，疾则苦而不入。不徐不疾，得之于手而应于心，口不能言，有数存焉于其间。臣不能以喻臣之子，臣之子亦不能受之于臣，是以行年七十而老斫轮。古之人与其不可传也死矣，然则君之所读者，古人之糟魄已夫！”

——《庄子·天道》（本章取材节录）

08 / 李斯说：老祖宗说得对

这是一条我希望它漫长，然而它却短暂的道路。这条人生的路，它曾经充满希望，但是现在却已走进残酷的现实。

我正坐在囚车里，被推着送到刑场去。这条路的尽头，就是我生命的尽头。我多么希望它能延长、再延长，没有止境……

我是李斯，曾经是一个管理粮仓的小官吏，也曾经是威风凛凛的大秦帝国丞相。回顾我这一生，说它精彩也好，说它轰轰烈烈也罢，一切都过去了。

此刻我黯然回头，看着跟我一起上刑场的儿子，我早已泪流满面："我好想再和你带着黄狗，一起到家乡上蔡的东门去追逐野兔。我们还能有这样的机会吗？"

儿子低下头去，什么也没有说。

我是楚国上蔡人，老子李耳的第十七世孙。年少时，我观察过厕所里的老鼠和仓库里的老鼠。那时候，我自以为聪明，从这两种老鼠身上看出深奥的启示。

厕所里的老鼠吃着肮脏的食物，有人进来的时候，只能心惊胆战，赶紧逃命。仓库里的老鼠就不一

样了，吃着人类种的谷子，住在舒适的屋子里，很少有人进来打扰。

当时的我告诉自己：要当一个有出息的人，做“仓库里的老鼠”，身处高位，安稳舒适。

至于我那老祖宗所说的“无为”“不争”，是我所无法理解的，那不是有出息的作为。有出息的人，应该要去争取、要发挥才干，创出一番事业！

于是我从一个贫贱的人、一个小小的官吏，慢慢地跟着我的老师荀子，学习帝王治理国家的方法。

当秦王想要吞并六国、统一天下的时候，我知道机会来了。于是我告别老师，要去投效秦王。

“为什么你要到秦国去呢？”老师问。

我对老师说：“现在秦国称雄，正要统一天下，这是建立功名的好时机。到那里去，才能有一番作为。”

老师听了有点犹豫，但没有说什么。我又告诉老师：“人生最大的耻辱就是卑贱，最大的悲哀就是贫穷，而这两件事，都依附在我身上，我要摆脱它们。”

我要去追求功名利禄、富贵荣华，当一只“仓库里的老鼠”。

现在回想起来，那时候的我，真是狂傲自满，以为没有人能赢得过我。

我还告诉老师：“我最痛恨的，就是那些长期处在卑贱地位和贫困环境中的人，自以为厌恶功名利禄，标榜自己‘无为’‘与世无争’，那不是我追寻的！”

老师淡淡地勉励我，要我注意节制，在成功的时候，要为自己留下退路。我完全不在意老师的话，就拜别老师，走向秦国。

我幸运地受到了秦王赏识，一步步成为大秦帝国的丞相。

在这“一人之下，万人之上”的位置，我不只做一只“窝在仓库里吃谷子的老鼠”，还更进一步做一个贡献自己心力的臣子。

那时候，我真是富贵到了极点，儿女也与皇室结了亲。人生到这个境界，还要求取什么？

我的错误就是不知道要实践老祖宗教导的功成身退——事情到达圆满的地步，就要知道隐退。我不该不听从老师早就教导我的“要为自己留下退路”。

大权在握的时候，我和赵高一起宣布假诏书，拥立胡亥当皇帝；功成名就的时候，我不知道适可而止，现在后悔已经太迟了。

赵高过河拆桥，诬陷我，让我落入他的陷阱中，让皇帝将我处死……

这条通往刑场的路途，竟然这么短。如果一切能从头再来，那该有多好。我会好好地理解老祖宗老子留下来的话语，那“无为”“不争”的境界，看起来简单，其实不是一般人能做到的。

不知道为什么，在这个生命即将结束的时刻，我特别怀念贫寒的那些年，跟孩子们牵着黄狗，一起去打猎的日子……

原典欣赏

李斯者，楚上蔡人也。年少时，为郡小吏，见吏舍厕中鼠食不洁，近人犬，数惊恐之。斯入仓，观仓中鼠，食积粟，居大庑之下，不见人犬之忧。于是李斯乃叹曰："人之贤不肖譬如鼠矣，在所自处耳。"

乃从荀卿学帝王之术。学已成，度楚王不足事，而六国皆弱，无可为建功者，欲西入秦。辞于荀卿曰："斯闻得时无怠，今万乘方争时，游者主事。今秦王欲吞天下，称帝而治，此布衣驰骛之时而游说者之秋也。处卑贱之位而计不为者，此禽鹿视肉，人面而能强行者耳。故诟莫大于卑贱，而悲莫甚于穷困。久处卑贱之位，困苦之地，非世而恶利，自托于无为，此非士之情也。故斯将西说秦王矣。"

——《史记·李斯列传》（本章取材节录）

09 / 陶朱公说：钱不是万能的

我听说，有人给我那个时代的人做了一个“富豪排行榜”，我的名字就在榜上，而且排在很前面。

我还听说，不少人认为我很会赚钱，他们希望能跟我一样会赚钱，就把我当财神。这些事，我要做一些说明才好。

我是范蠡，可是现在的我已经不是那个陪着越王勾践“十年生聚，十年教训”，二十多年苦心经营的范蠡了。现在的我，是商人“陶朱公”。

我还有一个特殊的身份：我是老子的再传弟子——我的老师文子是老子的学生，所以我算是老子的再传弟子。

在我还年轻的时候，经常跟着文子老师一起去拜见老子，从老先生那里得到学问知识。

老师常说，老先生的教导，让他在这个混乱的时代保持清静；而那清静，正来自于老先生所说的“道”。

我也正是从老先生那儿学到“清静无为”的功夫，让自己心神宁静。

帮助越王勾践复国之

后，我打算离开越国。那时候，我心里想的正是老先生说过的“功成身退”。

我也还记得老先生常说的一句话：“一个人只有不争名利，才能够无忧无虑。”

也许是受到老先生思想的熏陶，我也逐渐看淡名利，喜欢自由自在、无拘无束的生活。

于是我送出全部的家财，离开越国，带着家人来到齐国。我们在齐国海边建造房屋住了下来，开垦拓荒、种植作物，一切重新开始。

在齐国，我为自己取了新名字——鸱夷子皮。“鸱夷子皮”就是装酒的皮囊，代表从此以后，我要逍遥自在地过日子。

我还记得年轻的时候，鲁国孔夫子的学生子贡来拜访过老先生。子贡是一个成功的商人，称得上富可敌国，他也被列在“富豪排行榜”上。

子贡告诉我一句话，我一直记在心里，他说：“越稀有的东西，越珍贵。”

这句话在我心里萌芽，加上文子老师的指导，我渐渐懂得做生意的方法。

我收购盛产的物品，价钱低的时候买进，然后卖到有需求的地方去；有时候，我也会保存到产量少的时候再拿出来卖，每次都能卖得好价钱。很多人问我赚钱的方法，我想，这就是我的致富之道吧。

渐渐地，我累积了不少钱财，我常常想起老先生说过的话：“把拥有的东西分给别人，将会拥有更多。”

我不怕捐出钱财，只怕不知道哪里有需求，我相信钱财散去还会再回来。

后来齐王邀请我去担任相国。我也运用我

的本领，让齐国民富而国强。不久后，我辞去这个职位。我又把赚来的钱全部捐出去，再一次远走他乡，重新开始。

这一次，我来到陶邑。陶邑位于齐国的西

南方，往西可以抵达秦国，往北直通晋、燕，邻国众多、四通八达，是个做生意的好地方。

我带着家人在这个地方住下来。谷子丰收的时候，多买一点存起来，在收成少的时候，拿出来卖，价钱也不必提得太高，薄利多销，利润自然丰厚。

很快地，我又累积了不少财富。

老先生曾经说："一个人正因为不与人争，所以成功自然会来找他。"老先生说得一点都没错，我不追逐财富，而财富却总在前方等待着我。

这就是我要说明的，钱不是万能的，不必费心追逐它。

然而，钱虽然不是万能的，但是没钱却万万不能。贫困是多么令人难过的事，所以我做生意赚了钱，就去帮助那些需要帮助的人。

老先生说得好：“处处为人设想，就越富有；把拥有的东西分给别人，将拥有更多。”会赚钱当然好，但是更要知道，钱应该用在什么地方。

原典欣赏

圣人不积，既以为人己愈有，既以与人己愈多。天之道，利而不害；圣人之道，为而不争。

——《老子·第八十一章》（节录）

圣人不会为自己累积私有财物，因为他懂得：为别人做事而互利，自己才会更加富有；把东西给别人而互惠，自己才会拥有更多。天道总是有益于万物而不伤害万物，圣人的道是为人谋福利而不争私利。

10 / 老渔夫说：老子打造的家园

我是一个以在溪流之中捕鱼为生的人，一辈子的青春，就在这船上荡啊荡地荡完了。

可是，我就是喜欢这种生活，在水上逍遥地来、逍遥地去；鱼捕得多、捕得少，都无所谓。

休息的时候，就在船舱里看我最喜欢的书——春秋时代老子留传下来的《老子》。我常常看得出神，看得忘了捕鱼。

你看看，老子说的“小小的国家、少少的居民”，那小巧精致的家园，正是令人向往的

地方——

“就算有十倍、百倍人工的器械，也派不上用场；拥有船只、车辆，也没必要去乘坐；有武器和装备，也没有机会去陈列……

“居住在这里的人们，觉得这里的食物很香甜、衣服很漂亮、居所很安适、风俗很良善。邻国之间互相望得见，就连鸡鸣狗吠的声音也相互听得到，人民却一辈子没有相互往来过。”

小船在溪流中随着波浪摆荡，我沉浸在安静平和的环境里。迷蒙之中，手中的书本落到船板上，那声音并没有让我受到惊吓，因为我眼前出现的，是令人惊讶的景象——一片粉红色的树林！

桃花盛开，花瓣轻轻飘落，在落到水面之前，微风接住了花瓣，让它们在空中盘旋、飘舞，再落到溪流中。之后，它们又像一艘艘小船，在水面随着涟漪荡漾。

啊！我好像听得到，那花瓣掉落在水中的声音。

我看得着迷，不知不觉摇动船桨，让小船靠岸。

在这条溪流里捕鱼这么久了，我为什么从来没有发现这片树林？上岸之后，幽静的小径通向远方，远处有屋舍、农田和池塘，这是一个小小的庄园，还是小小的国家？

几声鸡啼远远地传了过来，鸡啼声中，还听得到狗吠。这不正是老子笔下的家园吗？

“你是什么人哪？”

就在我看得出神的时候，一个梳着两条小辫的孩子来到我身边。在他背后，还站着一个

白发、白须的老人。

“我是一个捕鱼的人。请问，这是哪里呀？我怎么从来都没有发现过这里？”

老人家拄着拐杖，穿着打扮和外面的人一样，气色红润，看起来特别健康。

“我们的祖先，为了逃避乱世而躲到这里来。现在外面还是秦朝吗？”

老人家这个问题，问得我差点答不出话来。原来他们在这个与世隔绝的地方，已经住了这么久了。

“老先生啊，秦朝早已结束，现在是晋朝了。”

“啊！秦朝已经结束了？秦朝之后就是晋朝了吗？”

“不对，秦朝之后还有汉朝，汉朝之后才是魏、晋。”

老人家听得一脸惊讶。渐渐地又有一些人靠了过来，知道我是外面来的渔夫，都争着邀请我到他们家住上几天。

原来，老子追求的淳朴，它真的存在。这里的人，吃着自己种的食物，觉得很甘甜；穿着自己做的衣服，觉得很好看。他们认为这里是一个好地方，不愿意离开这里。

“来、来，你尝尝我们这里的菜，看看有多鲜嫩！”

“是啊，是啊，把这儿当成自己的家，我们在这里住得可舒服呢！要我们离开这里，我们才不肯！”

我在这里住了几天，每天早晨都听到邻近地区传过来的鸡啼声，这就是老子打造的家园，它远离外界而独立存在。

住了好几天，我要跟这里的居民道别，离开这个桃花盛开的地方。离开的时候，我沿路

做了好几个记号，以便以后还能找得到来的路。

但是不知道为什么，当我再一次寻访，却怎么也找不到那片桃花林的入口了。

原典欣赏

小国寡民。使有什伯人之器而不用，使民重死而不远徙。虽有舟舆，无所乘之；虽有甲兵，无所陈之。使民复结绳而用之。甘其食，美其服，安其居，乐其俗。邻国相望，鸡犬之声相闻，民至老死，不相往来。

——《老子·第八十章》

国家小，人口少。即使拥有十倍百倍人工的器械也不使用，让人民重视生命而不向远方迁徙。就算有车、船，也没有乘坐的必要；有盔甲兵刃，也没有陈列的必要。使百姓恢复到上古结绳记事的时代。百姓觉得自己的饮食甜美，觉得自己的服饰美丽，觉得自己的居所安适，觉得自己的风俗令人快乐。相邻的国家能相互看见对方的情形，鸡、狗的叫唤声彼此可以听见，人民从出生到老死，互相都不往来。

11 / 刘玄德说：就从我的字说起

我是刘备。说起老子，我就忍不住会想起我那荒唐的少年时代。

我爹在我很小的时候就去世了，我跟着我娘织席卖草鞋，在市集里吆喝、做生意，原本以为一辈子就会这样过了。

谁知道十五岁那年，我娘硬是为我找了一个学问高深、武功高强的老师——卢植，让我拜在他的门下，希望我的人生从此能够脱离贫困。

可是我呀，就是不喜欢读书，我宁可在市集里吆喝做生意，结交三教九流的朋友！

所以，在文武全才的卢植门下，我读的书不多，倒是学会了骑马、射箭、穿时髦的衣裳，还有最重要的——结交到情义相挺的朋友。

二十岁的时候，该要为自己取一个“字”了。我从少数读过的书里，想到两个字：“玄德”，就用这个当作我的“字”吧。

我读过的书里，《老子》是让我印象深刻的一本。老子说：“道生育万物，而不把万物占为己有；为万物付出心力，而不认为自己有功劳；养育万物，而不任意主宰它们。这种美好的德性，就叫作‘玄德’。”

我欣赏这种谦虚自在，所以我就把“玄德”当作我的“字”。

“玄德”成为我名字的一部分，这当然代表了老子思想在我心中的地位，尤其是我后来的事业，也常常受到老子思想的影响。

我还记得，徐州被曹操大军进攻的时候，北海太守孔融邀我一起去帮助徐州州牧陶谦。

当我率领军队进入徐州城时，那陶谦一看到我，就让人拿出印信交给我，要我从此以后掌管徐州。

老子对我的影响，在这个时候发挥了作用。他那“不据为己有”的思想，让我再三推辞了陶谦的请求，我不能因为帮助了徐州百姓，就要占有徐州。

后来，我们联手击退了曹操，陶谦又要把印信交给我。这时候，我想起的仍然是老子的话，“不认为自己有功劳”。

我到徐州的目的是帮助陶谦，而不是占有徐州。目的达到了，我就要“功成身退”，这也是老子说过的话。

虽然后来陶谦病重去世，把徐州交付给我，但我仍然运用老子“不任意主宰万物”的心态管理徐州。

我印象深刻的，还有老子治理国家的方法——“治大国，若烹小鲜”。

管理大的国家，要像烹制小鱼一样，不要常常翻动它。这样做出来的鱼，鱼皮又细又薄，鱼肉又软又嫩，常翻则会烹煮得稀烂。不管是

煮鱼、煎鱼，还是烤鱼，方法都一样，就是不要常常翻动。

老子比喻得真好。常常打扰百姓，百姓一定会被弄得厌烦。

所以我不管到什么地方，都请士兵不要扰乱百姓，让百姓平静、安定，这样百姓才会有安全感。

在曹操进军荆州，我带着百姓逃难的时候也是一样。虽然是逃难，但是总有一群百姓跟着我，在新野、在樊城、在襄阳，每到一个地方，就有当地的百姓跟来一起逃难，我也不忍心舍弃他们。为了让大家一起逃难，我宁可放慢速度，也要让每个人跟得上。

百姓愿意紧紧地跟随我，我想就是因为我能做到老子说的“治大国，若烹小鲜”。

我也还记得老子说过的一句话，“大海之所以能够成为大川大河的汇集地，正是因为它愿意处在低下的位置”。

大海不必高高在上，河川自然会涌向它。人不要认为自己高高在上，这样才会有人乐意亲近，这也是我对待百姓的方法。

老子说的话，帮助我不少，让我受益无穷。不多说了，我要去看看曹操最近又在玩什么把戏，别让他又打扰了我的百姓。

原典欣赏

载营魄抱一，能无离乎？专气致柔，能如婴儿乎？涤除玄览，能无疵乎？爱民治国，能无为乎？天门开阖，能为雌乎？明白四达，能无知乎？生之畜之。生而不有，为而不恃，长而不宰，是谓“玄德”。

——《老子·第十章》

身体承载着魂魄并且修成真道合一，就能不分离吗？专心修炼至柔养生的气功，就能像婴儿一样吗？排除内心的杂念而深入观照灵魂深处，就能没有瑕疵吗？爱护百姓治理国家，就能无为而治吗？感官和外界接触，能做到守静吗？通晓了道理，就能超越智慧、摆脱知识吗？道创造并养育万物。创造万物却不据为己有，养育万物却不自认有恩惠，使万物生长而不任意主宰，这就是自然无为的德性呀！

12 / 边塞老翁说：不要难过得太早

我是住在中国北方边境的老人。

在这片寒冷的荒漠上，“艰苦”是环境对我们的磨炼，“节俭”是生存对我们的考验。我们住在这样的地方，学会了“顺从”，顺从各种恶劣的处境，才能在这种地方生活下来。

在这荒漠上，马是我们主要的交通工具。没有了马，就会像少了条腿一样不方便，所以这附近家家户户都备着马匹。

有一天，麻烦的事儿来了。我们家里那匹

马，不知道是忘了拴还是它自己挣脱了缰绳，半夜里就这么不见了。

虽然那不是什么名贵的马匹，但是对我们这种穷困的边塞人家来讲，真是一笔不小的损失啊！

邻居都来安慰我，毕竟，买一匹马要花掉不少钱。

“不要为我难过得太早！”我告诉邻居。

在这边境苦寒的地方，我也读过一些书，我知道古时候的老子说过：“灾祸和幸运常常是相互依靠在一起的。”所以我并不特别难过。

“您年纪这么大了，我们怕您想不开呀！”

“怎么会呢？”我笑着安慰他们，“我才不会想不开，说不定，这还是好事的开端呢！”

邻居们听我这么说，才安心地回家去。

不久之后，走失的马儿竟然自己回来了，而且还带着塞外胡人的一匹骏马回来。

邻居们知道了，都来跟我道贺。

“真是一匹难得的好马呀！”邻居摸着高大又稳健的马，流露出羡慕又欣赏的表情，不断地赞美着。

“您说得一点都没有错！凡事不要难过得太早。您看，马儿不但自己回来了，而且带了一匹骏马回来，真是喜事一桩啊！”

邻居们为我高兴的时候，我忍不住又想起老子说过的话：“幸运之中，常常隐藏着灾祸。”

所以我不觉得这有什么好高兴的，于是我又告诉邻居：“不要为这件事高兴得太早，也许这匹马会给我们带来什么灾难呢！”

邻居们听了，心里虽然有点不舒服，但也

不再多说什么，就回家去了。

隔了几天，我那善于骑马的儿子，竟然为了骑这匹来历不明的骏马，一个不小心，从马上跌了下来。

这一跌，就摔断了他的一条腿。

虽然这又是件麻烦事，但是别为我难过得太早，我知道老子还是会给我一些启示，老子不是说过“灾祸之中，可能藏着意想不到的幸运”吗？

邻居们又来安慰我，我却反过来安慰他们，要他们别太难过。

“你儿子摔断了腿，你怎么一点也不难过呀？”

瞧瞧，还是有人这么责备我。我只是在这样的环境中，学会了顺从啊！

“难过就能解决问题吗？”我心里这么想。

没过多久，边境地区发生战争，这附近身体健康的年轻人，个个都去打仗。儿子因为腿伤，没有办法上战场，只好待在家里。

“爹爹，孩儿有一身骑马作战的好本事，不能参加作战，心里实在不舒服。”

“也许这是老天的安排，你就接受了吧！”我安慰儿子。

那一场战争非常激烈，附近去作战的年轻人，几乎都战死在战场上，我这儿子能幸运地保全性命活下来，多亏了老天爷让他从马上摔下来受了伤。

这就是老子说的“福和祸常常都是连在一起的”。

所以呀，凡事不要高兴得太早，也不需要难过得太早。一件事，到底是“福”还是“祸”都还很难说呢！

我得去外头看看了，今天这一场大雪呀，屋顶不知道会不会被压垮。这天寒地冻的地方，我们早就习惯了这些。

原典欣赏

其政闷闷，其民淳淳；其政察察，其民缺缺。祸兮，福之所倚；福兮，祸之所伏。孰知其极？其无正。正复为奇，善复为妖。人之迷，其日固久。是以圣人方而不割，廉而不刿，直而不肆，光而不耀。

——《老子·第五十八章》

为政能做到宽厚，人民便自然淳朴；为政若是处处苛求，人民便尖酸刻薄。祸患呀，带来的也许是福分；福分呀，也许隐含着祸患。谁知道它们最终的结果？它们没有一个定准。我们认知的“正常”只是短暂适用，随着时空演变，正常又变成荒诞；以为良善的，又成为邪恶。人们为这种现象而迷惑，已经有很长时间了。圣人言行方正而不损害别人，有棱角却不因此伤害别人，坚持正道却不强人所难，充满光明而又不耀眼刺目。

13 / 汉文帝说：不要争在最前面

在我的生活之中，最吸引人的东西大概就是龙椅吧。龙椅象征着权力和财富，多少人为了登上这张椅子，费尽心思。

我是汉高祖的第四个儿子刘恒。虽然龙椅近在眼前，但我却觉得它离我很远，从来没有想过要上去坐一坐。

母亲薄太后一向笃信《老子》，她相信老子留下来的话，字字是珍珠。所以，“当皇帝”这种事，母亲用老子“无欲无争”的态度看待，从来不争这些。

我被父皇分封到东北边塞的时候，母亲便跟着我到那贫瘠的荒漠去，她带着一卷一卷的《老子》，远离宫廷。在永不停止的争战中，她陪我到遥远偏僻的地方，静心研究《老子》。

“仁慈、节俭、凡事不争在最前面”这三点，是老子珍藏的宝；母亲也把这三点，当成她的宝，时时刻刻遵守着。

“凡事不争在最前面”，我经常在想，需要多大的智慧才能认识到这一点。

母亲能在那荒远的地方与我安心过日子，我相信也是老子这句话给了她信心和力量，她才会过得这么快乐，没有一句怨言。

原本以为，我这一生都会在冰天雪地之中，以“代王”的头衔度过一年又一年。然而一切就像老子所说的：“不强求，自然就能有收获；不争辩，自然就会有答案；不争取，自然就能够得到。”

父皇去世那一年，王位争夺战就像北方严冬里的雪花一样，停也停不住。在你争我夺的

扰攘里，有人想起了我——想起了从来不争的我与母亲。

有人特地从首都长安来到边塞，请我回长安当皇帝。

“回去？或者留下来？”我问母亲。

母亲考虑了很久，才叹了一口气说：“先回去看一看吧。”

我知道，那时候权力主要在大臣陈平和周勃手中。周勃到长安城外迎接我们回来，他率领文武百官跪下来行礼，当时我还不是真正的皇帝，没有理由接受这么隆重的礼，于是我也跪下来回礼。

当他们把象征权力的“玉玺”交给我的时候，老子说的“凡事不争在最前面”闪过我的脑海。

“我刚回来，情况怎么样还不了解。何况可以当皇帝的人很多，也不一定需要我。”

“皇上！”这个称呼让我眉头一皱。

周勃忽略我的不满，继续说：“如今皇室后裔之中，就属皇上年纪最长，而且皇上素有仁爱之名，王位自然应该由皇上继承。”

我没有被他的美言冲昏头，等我冷静地把一切弄清楚了，才决定登基继承父皇的王位。

龙椅虽然迷人，但我并没有被权力和财富迷惑，我仍然奉行老子重视的三宝，并且把老子的思想，当成我施政的依据。

我依然过着节俭的生活，平日所穿的衣服，不必绫罗绸缎，也不必五彩绣龙，只要是朴素的样式就行。不仅母后与我如此，皇后也是一样。

我也尽量减轻百姓的负担，该缴的田赋、

税金，该做的徭役，能减的就减。我更把自己身边的侍卫、马匹减少，省下来的钱财拿去救济灾民，让百姓安稳地生活。

几年后，社会安定、国家太平，甚至犯罪的人也越来越少。

我想，这都是因为我努力实践老子的想法，才会有这样的繁荣兴盛。我不觉得我是坐在龙椅上的皇帝，我也不想成为时时打扰人民的帝王。给天下人民安定的生活，这就是我的工作。

母后与皇后都研读《老子》，这太平盛世，在很大的程度上，是因努力奉行书中道理而来的。

原典欣赏

勇于敢则杀，勇于不敢则活。此两者，或利或害。天之所恶，孰知其故？天之道，不争而善胜，不言而善应，不召而自来，繟然而善谋。天网恢恢，疏而不失。

——《老子·第七十三章》

有勇气自恃果敢，贸然行事的，容易横死；有勇气自认怯懦，不敢妄为的，则能存活。这两种勇气，一个有利，一个有害。天道厌恶什么，谁能知道其中缘故呢？大自然的规律，是不争斗而善于取胜，不需要言语而善于回应，不召唤而自动到来，从容舒缓而善于谋划。上天的道，如同浩瀚缥缈的大网，稀疏得似乎看不见，却没有什么可以漏网逃脱。

14 / 唐太宗说：

翻开李氏族谱

我是大唐王朝第二任皇帝李世民，父皇取“济世安民”的意义，为我定下“世民”这个名字。

我与父皇打下江山，建立了大唐王朝。现在，父皇将帝位传给我，我也把“济世安民”当作我的抱负。

接掌国政四年之后，国家内外安定，四方邻近小国也都对大唐顺从，虽然这是难得的太平盛世，但我还是不敢轻忽懈怠。

回想当年，父皇取得天下登上帝位，曾与

我一起翻阅族谱，父皇一个一个往上推去，推论出老子李耳是我李氏的先祖。

“先祖李耳是我李氏子孙的荣耀哇！”

父皇与我看着源远流长的族谱，一代一代数来，父皇正是先祖李耳的第四十三世孙。

父皇尊崇先祖，也推崇道教，因为道教正是以老子为始祖。因此，我治理国家以来，便经常以《老子》这本书作为施政的参考，因为里面有许多治理国家、对待人民的方法。

还记得初掌国政时，正好遇上蝗虫之灾，成群的蝗虫危害作物，农民苦不堪言。

我从先祖老子的书中领悟到，国家以人民为根本，人民又以衣、食为根本。身为一国之尊，不能让百姓的衣与食受到损害。

于是我亲自到农园去视察虫灾，大批蝗虫

如浓云一般遮天蔽日，毫不留情地啃食五谷。

“无法无天的虫子，你们难道不知道五谷正是百姓的性命吗？你们损害五谷，就是残害百姓的性命！”

我气愤这些蝗虫为非作歹，恨不得一口把它们吃进肚子！

蝗虫没有因为我的愤怒而离开，依旧不停地啃食作物。

“明目张胆的虫子！百姓有什么过失，那都是寡人的过失，你们如果有灵性，就来吃寡人的心吧，不要残害百姓！”

说着，我打算将随手捉到的蝗虫活吞进肚子里。

“皇上万万不可！”左右侍臣看见，立刻过来阻挡。

“皇上，这蝗虫下肚，恐伤了龙体。”

我不管这些，一口气吞下蝗虫。

“就让灾祸移转到寡人身上，让百姓免去灾祸吧！”

回宫之后，真的就没再听到蝗虫成灾的消息，而且连续好几年，都没有再闹过蝗灾。

这件事让我认识到，皇帝不应该自认是天底下最尊贵的。

先祖老子曾经说过，帝王称呼自己为“孤”“寡人”“不谷”，用这些平常人最不喜欢的称呼，就是希望一切不好的事，都降临在自己身上；希望把自己的福泽分给百姓，让百姓和乐平安。

先祖老子也在书中教导我们，最好的皇帝，就是自己从容安逸、无所作为而使天下太平，也就是“无为而治”，让人民感觉不到皇帝的存在。

第二好的皇帝，就是能让人民亲近、被人民夸赞的。

第三好的皇帝，是让人民因为害怕、畏惧而服从的，我不希望成为这样的帝王，所以时时刻刻小心谨慎。

最差的皇帝，就是被人民暗地里咒骂、轻视的。有这样的皇帝，国家迟早会灭亡。

现在，天下虽然安定，但是我还是不敢这样就满足。我经常在想，过去的王朝，它们为什么兴盛、为什么灭亡，并且以它们为借镜，惕厉自己。

大臣之中，就属魏征最敢说出正直的言论。只要是为国家、为人民，就算说出令我动怒的话，他也不怕。

有时候，他的话的确令我难堪，但是先祖老子曾经也说过，诚实的话不悦耳，悦耳的话不诚实。

我用先祖的话来治理国家，看国家这一片太平盛世，真是让人欣慰。

我会继续做一个好皇帝，大唐王朝，是我用心经营出来的呢！

原典欣赏

其致之也，谓天无以清，将恐裂；地无以宁，将恐废；神无以灵，将恐歇；谷无以盈，将恐竭；万物无以生，将恐灭；侯王无以贞，将恐蹶。

故贵以贱为本，高以下为基。是以侯王自称孤、寡、不谷，此非以贱为本邪？非乎？

——《老子·第二十九章》（节录）

推而言之，天如果不能保持清明，恐怕就会破裂；大地若不能保持安稳，恐怕就会崩塌；神明若不能保持通灵，恐怕就会消失；河谷若不能保持充盈，恐怕就会干涸；万物若不能保持生长，恐怕就要灭绝；王侯如果不能坚守正道，恐怕就要亡国。

因此，贵以贱为根本，高以下为基础。所以王侯都自称“孤”“寡人”“不谷”，这不正是以低贱为根本吗？难道不是吗？

15／乡人老丁说：无为而治郭橐驼

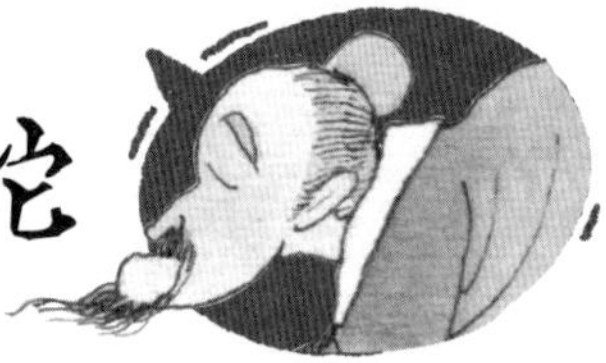

我是一个乡下人，住在长安城西边一个叫“丰乐”的小乡村里。

在这个平凡的村子里，有一个特别的人。他的模样怪异，总是弯着腰、驼着背，背上像背着一座山峰，没有办法站直。这个像骆驼的人，我们乡里的人背地里都叫他“橐驼”，“橐驼”就是指“骆驼”。

“娘，你看，那个橐驼又来了！”有一天，一个天真的孩子当着橐驼的面，竟把这个秘密讲了出来。孩子的娘立刻捂住他的嘴，让他不 要这么说。

“‘橐驼’？你是在讲我吗？”橐驼吃力地把头抬了起来，看着母子俩。母子俩吓得脸色发青，一句话也不敢说。

这时候，橐驼低下头，看了看自己的影子，竟然咧嘴笑了起来。他说：“嗯，‘橐驼’，真是太贴切了。”

橐驼不但没有生气，还笑着跟四周看热闹的人说：“大家以后就叫我‘橐驼’吧！”

就这样，“郭橐驼”成了他的名字。

郭橐驼的样子不大好看，但是任何

时候他都是笑眯眯的，看起来充满自信。我想，这是因为他有一项过人的本领——

长安城里的有钱人家，修建庭园院落的时候，都争着抢着要雇佣他，因为他种的树，即使是移植过来的，也没有不成活的。

卖水果的商人也要找他，因为他种出来的树，果子又大又甜又鲜艳，而且果实成熟得早，总是能卖到好价钱。其他种植的人都紧紧地盯着他，想要暗中观察效仿，却依旧没有谁能比得上他。这就是他充满自信的原因。

我也仔细观察过郭橐驼种树，学他怎么种，但就是比不上他。有一天，我忍不住问："橐驼呀，你到底有什么办法能让树木都长得这么好呀？"

橐驼转过头，想了一想，认真地说："不是我能使树木活得长久、长得快，我不过是了解树木，知道要怎么顺着它们的个性，它们才会长得好罢了！"

我又问："树木的个性是什么？"

郭橐驼又弯下腰，一边种着手上的树苗，一边跟我说："老丁，你看，这是树木的根，根舒展得越远，树木就越茂盛；培土均匀，根才能长得好。”

我立刻把这道理记住。

“你的树木挖起来再种，还是能活得好，你有什么技巧？”

“很多人种树，喜欢用新的土壤，其实移植的时候，要带着旧有的土，树木才会习惯；种下去之后，要把土壤压实、压紧，让树不会动摇，这样就没有问题了。”

原来道理都在这儿。郭橐驼看我听得津津有味，又得意地再教我一些，他说：“种树，要像对待自己的孩子一样，那么地用心。”

“这个我知道，我也照着做，结果还是长不好。”

郭橐驼笑着说：“别急，种好之后，就要彻

底忘了它，不要再常常去看它。”

“为什么？”

郭橐驼心情愉快地说：“树木会自己成长，你就别再去打扰它了！”

我发现郭橐驼说得有道理。我每天都到园子里，看看这棵树，摸摸那棵树，多浇一点水，多施一点肥，巴不得它长快一点。

郭橐驼种树却丢着不管，不费力气，树木就自己长得好。这个道理，不正是我从《老子》这本书里读到的“用‘无为’的方法做事，天下没有不能做好的事”吗?

郭橐驼种树，没有特别的技巧，也没有多用心思，就能把树种得特别好。

我们常看到官吏到乡下来，巡视这个，检查那个，催促大家快去种田，督促大伙快去收割，问问桑树长得好不好，蚕丝吐得多不多……好像很关心我们，其实都是在打扰。

如果每个当官的人，都能像郭橐驼一样，用“无为”的方法做事，凡事不要管那么多，我们还是能做得很好的。

我也要学学老子，凡事不要管太多。我得去种树咯！

原典欣赏

驼曰："我知种树而已，官理非吾业也。然吾居乡，见长人者好烦其令，若甚怜焉，而卒以祸。旦暮吏来而呼曰：'官命促尔耕，勖尔植，督尔获，早缫而绪，早织而缕，字而幼孩，遂而鸡豚。'鸣鼓而聚之，击木而召之。吾小人辍飧饔以劳吏者，且不得暇，又何以蕃吾生而安吾性耶？"

——唐·柳宗元《种树郭橐驼传》（节录）

郭橐驼说："我只会种树，当官治理百姓不是我的职业。但我住在乡下，看见那些官吏，喜欢发布烦琐的命令，看似爱护百姓，结果却为百姓带来灾祸。一天到晚，差役都来叫唤：'官府命令我们来催促你们耕田，勉励你们种植，督促你们收割，要你们早点抽茧取丝，早点织布，好好养育孩子，好好饲养鸡猪。'一会儿击鼓让乡民集合，一会儿又打梆子召唤。我们这些小老百姓，就算不吃早餐、晚饭去接待公差，都还忙不过来，又怎么能够生计兴旺、自在安乐地生活呢？"

16 / 白居易说：我想问一问老子

“夕殿萤飞思悄然，孤灯挑尽未成眠。迟迟钟鼓初长夜，耿耿星河欲曙天……”啊——这多情的玄宗皇帝，我要记下他的一片痴心。

我是白居易，吟诗、写诗，是我生活里最缤纷热闹的一片天地。徘徊在字里行间，就像观看夜空中的繁星坠落一样，令人思绪奔放，不能自已。

文思泉涌的时候，我写诗；想冷静的时候，我读《老子》。

记得十六岁那年，我从江南来到长安，凭借一股傻劲和勇气，带着写好的诗稿，到长安城里请教大诗人顾况。

顾老先生看到诗稿上我的名字，斜眼看看我，淡淡地问："白——居——易？"

我点点头。

顾先生翻了翻诗稿，抬起头，冷漠地说："我们长安城的白米，价钱可贵了，要'居'，恐怕'不易'呀！"

我低下头，脸羞红得说不出话来。顾老先生见我沉默不语，就把诗稿重新再看一次，这次竟然渐渐被吸引了，我看他越看越有兴致，越看越有了笑意。

"咸阳原上草，一岁一枯荣。野火烧不尽，春风吹又生……"顾先生反复吟诵这首诗，最后

终于抬起头来，热切地看着我说：“能写出这样绝妙的诗句，在长安城，要‘居’，可‘容易’了。”

因为顾老先生的赏识，我在长安城里，名声渐渐传扬开来，也得到不少肯定。

“肯定”就是好的开始，有了好的开始，加上努力地延续维持，才会有成就。

我时时提醒自己，有了名气，更要谦卑知足。

汉朝时崔瑗写过一篇《座右铭》，他把这首诗放在座位旁，时时警醒自己。虽然我不能做到诗中的每件事，但是我也把这首诗写在墙上。

崔瑗在《座右铭》里用老子的观点来勉励自己。老子说，柔软的东西不易折毁，所以要学习柔软，刚强反而易遭不测；那勉强要有作为的，都是见识浅薄的人；开阔舒缓、随遇而安的人，他的成就是没有止境的。

这篇《座右铭》我欣赏了很久，觉得里面还可以再添加一点东西，于是我另外写了一篇《续座右铭》，用来勉励自己和后代子孙。

我特别欣赏老子说过的这句话："合抱的大树，是从细小的幼苗开始成长的；高大的楼台，是从一筐筐泥土开始堆叠的；千万里的旅程，是从踏出的第一步开始走出来的。"

我把"千里始足下"记在《续座右铭》里，提醒自己要脚踏实地地做事，不要妄想一步登天，成功是从小事情慢慢累积下来的。

我不停地细细品味老子说过的话，就越能看清楚人生的每一步要怎么走。

不要羡慕富贵，也不要忧虑贫困，只要想一想自己的修养，那老子所说的"道"，自己达到了没有，这样就不会被俗事所影响。

老子怎么能说出这么多道理来呢？每一句话，都像金石碰撞一样，铿然有声，回荡在我的心里。

一千多年前的老子啊，我们无缘见面，但是，我心里一直有一个疑问，很想当面问一问您。

您曾说过："留下言论的人没有真智慧；真正智慧的人，不会留下言论。"您是有大智慧的人，但是为什么要留下这五千字的言论呢？留下言论的人，难道真的都没有大智慧吗？

每次读《老子》，这个存在我心里的困惑就来骚扰我，老子能听到我的发问吗？

时空相隔如此遥远，如果老子能听见，为我解开心里的疑惑，不知道该有多好。

不管这些，继续写诗吧："在天愿作比翼鸟，在地愿为连理枝。天长地久有时尽，此恨绵绵无绝期……”

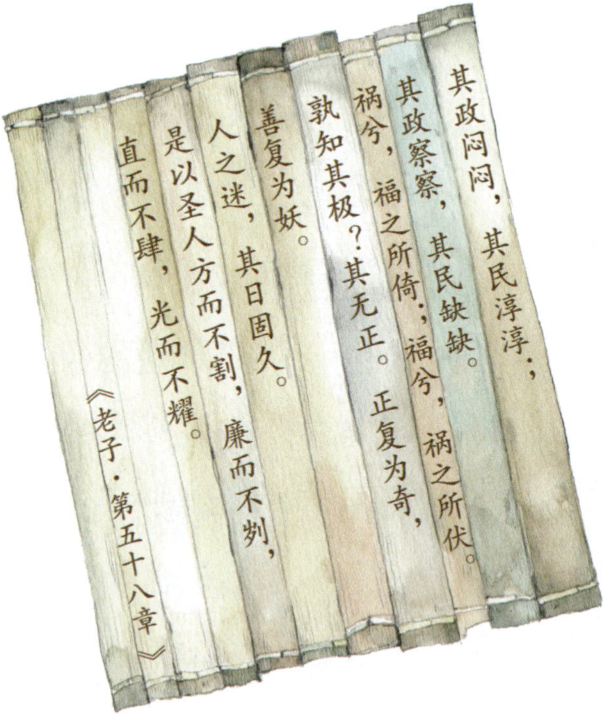

原典欣赏

言者不如知者默，此语吾闻于老君。若道老君是知者，缘何自著五千文。

——唐·白居易《读老子》

爱说话的人没有真智慧，真正的智者都沉默不言。这句话我是从老子那里听来的。如果说老子是真正有智慧的人，为何他自己还写下这五千字的《老子》一书呢？

17 / 李泌说：平凡平淡最可贵

我是李泌，生活在唐朝最纷乱的时候。安史之乱、藩镇割据、兵变……在这个多灾多难的时代里，许多忠臣在流言毁谤之中失去性命，在奸臣当权的时候离开朝廷。

从七岁那年，第一次见到玄宗皇帝开始，就注定了我陪伴在君王身边的命运——玄宗对我印象深刻。许多年以后，玄宗皇帝知道我对老子的用心研究，特地召我去讲述《老子》。

那时候，玄宗皇帝打算给我一个官职，但

是我只向往山林里悠闲的生活，就以“年纪太轻”为由，婉拒了。

因为我从小读了一些书，玄宗皇帝就要我和皇子们做朋友，我便有机会经常到东宫去找太子聊天。太子李亨就是跟我谈得最投机的一位，他没有因为我是平民百姓而疏远我，反而把我当知己、老师看待。

后来太子李亨在灵武即位，兵荒马乱之中，文武官员只有三十几人。这时候，他没有忘记我这个朋友，派人请我走出山林，与他一起共商大计。

他与我又像回到年轻的时候，虽然他已经是皇帝了，但是仍然与我十分亲近，我们一起出门、一起讨论；天色晚了，两个人就躺下来，一边休息一边聊，直到我们都累了，才呼呼睡去。

我与皇上这份深厚的情谊，让我心里又惊又怕又欣喜。老子曾经说过，受到宠信和受到羞辱，都要保持戒心。皇上这时又要给我一个官位，我毫不犹豫地婉拒了。

“圣上以知心相待，这份情谊已经比‘宰相’这个职位还要尊荣许多，又何必用官位来绑住我呢？”

因为没有官位，所以没有官服。在皇上身边，我依然一身破旧的布袍，常常引来其他人的指指点点。

“那个穿黄袍的是皇帝，穿白袍的是山里的隐士。”

虽然我觉得无所谓，但仍然传到皇上耳朵里。皇上觉得旧布袍该换了，派人给我做了一件衣服。

新衣服一穿上身，我就觉得不妙，皇上看了，一边微笑一边点头。“嗯，这紫色的官服正是为你量身定做的，你穿上了官服，不能没有一个官位。”

皇上立刻从袖子里拿出诏书，任命我为元帅广平王的行军司马。

皇上跟我说：“先生曾在父皇身边做事，也当过我的老师，现在要请你帮助太子，我父子三代，都靠你的帮忙了。”

人生的事难以预料，这位肃宗皇帝万万想不到，我这一生，还服务到了他孙子这一代呢。

我之所以能够获得四代皇帝的信任，在造谣、毁谤、是非不断的环境中保全性命，我想，正是因为我从老子那里学到的东西，时时刻刻提醒自己——“受宠”和“受辱”时一样，都要保持警戒恐惧的心。

老子认为，“受到宠信”不是好事，它可

能是祸患的根源，所以要有戒心。

在平定“安史之乱”，回到长安后，我便请求肃宗皇帝让我回到衡山，再像过去一样过平淡的生活。

“天下刚平定下来，朕才刚要与先生共享欢乐，你不能就这么离开！”

我知道，我与皇上从太子时代就是知交，我们相知太早，皇上对我宠信太深，这些都是以后的祸源。老子说的“宠辱若惊”，时时刻刻在我耳边提醒我。所以我毫不留恋地，离开待我如良师益友的肃宗皇帝，回到山林里。

肃宗皇帝去世以后，太子广平王登上帝位，马上又派人到山里把我找出来。皇帝的宠信就是忌妒的开始，我就因为这样，被外放到别的地方去了。

算算我这一生，历经四位帝王，受到四位皇帝的信赖，在这是非恩怨不断的宫廷中，我能在这样的环境下，平安顺利、悠然自得，就是因为我懂老子，我知道老子心中的想法。

看看这片山林多么美！要活得快乐，就把“宠”和“辱”这些事都抛开吧！别让祸患上了身！

原典欣赏

宠辱若惊，贵大患若身。何谓宠辱若惊？宠为下，得之若惊，失之若惊，是谓宠辱若惊。何谓贵大患若身？吾所以有大患者，为吾有身，及吾无身，吾有何患？故贵以身为天下，若可寄天下；爱以身为天下，若可托天下。

——《老子·第十三章》

得宠和受辱内心都会不安，最大的祸患是看重自身性命。为什么说得宠和受辱都会内心不安呢？荣宠是不好的，得到时令人惊慌，失去时也惊慌，所以说得宠和受辱都会内心不安。什么叫作最大的祸患是看重自身性命呢？我们之所以会有大忧患，都是因为我们整天惦记着这个躯体；一旦我们不看重自身性命，那还有什么祸患可忧虑呢？所以，以珍重自身性命的心情去看待天下的人，才可以把天下寄托给他；以爱惜自身性命去爱天下的人，才可以把天下托付给他去带领。

18 / 陈抟说：看不见，听不到

“呵——感觉天气不错，那就今天醒来吧！”我眯着眼看看天色，似乎是黄昏时分，呵——我睡多久了呀？

说起“睡仙”，大家都会想到一个人，那就是我——陈抟。我以“能睡”而出名，很多夜里失眠的朋友都羡慕得不得了。

有人叫我“扶摇子”，有人叫我“希夷先生”，但是跟我熟的朋友，都叫我“睡仙”。说起睡觉，要睡得久、睡得熟、睡得有名气，实在不容易。

能赢得这个称号，当然要下一番功夫。

没错，我曾经练过“锁鼻术”，这是一门独特的气功，让我不必通过鼻孔就能呼吸。练好了这功夫，睡它十天半个月都是小事一桩。

在这纷乱的时代，战争不断、百姓受苦，我就拿“睡觉”当作修炼，睡上一两年再醒过来，看看时代改变了没有。

吕洞宾、钟离权、刘海蟾都是我的好友，他们常帮我转告来访的朋友，说我还没醒过来。

呵——睡觉真痛快，神清气爽、耳聪目明。

“这是什么朝代了？朋友们都到哪里去了？”一觉醒来，我常得想一下。

我喜欢研究各种秘籍，也很有兴趣去思考万物蕴含的道理。老子留下来的《老子》这本书，更是我用尽心思、终日不断钻研的书。

汉朝的张陵创设了“天师道”，尊奉老子为“太上老君”，并将老子视为道教的教祖。

老子留下来的《老子》，也成为道教中的经典，又被称为《道德经》。

说起我这“希夷先生”的名号，也跟《老子》有关系呢！

当年赵匡胤到我隐居的华山来，看到我摆好一盘棋，正在自己和自己对局。喜欢下棋的赵匡胤在旁边看了好一阵子，忍不住说：“来来来，我五步之内，吃你个片甲不留！”

我笑着问他：“那就先讲好条件，如果你

输了怎么办？”

“什么条件，你说吧！”赵匡胤看着棋局，信心满满地说。

“如果你输了，以后你当上皇帝，就把华山送给我。”

“当皇帝？”赵匡胤笑了笑，拿起第一颗黑棋就下，“行行行，如果我当了皇帝，一定把华山送给你。现在，该你下棋了。”

于是，我也走一步棋。

这个年轻人，没有想过自己会当皇帝，只是专心地下着棋。

就这么一来一往，第四步棋，赵匡胤脸上已经有一点为难，第五步棋，赵匡胤知道自己输了。

他放下棋子，起身对我拱手作揖：“在下输

得心服口服，我不会忘记我的承诺。”

后来，赵匡胤果然如我所料，当上皇帝，建立宋朝，天下终于又统一了。他没有忘记当初的约定，不但下令免除华山一切税捐，还派人到华山来，请我去做官。

我在这山上，隐居得好好的，去当官，连觉都不能睡饱，还有什么乐趣？所以我没有答应他的请求。

后来，他的弟弟赵匡义当皇帝，又来请我下山做官。我也没有答应。

“既然先生连官职都不要，那么，朕就赐你一个封号吧！”

皇帝看看我的名字，“抟”和“搏”很像，便想起《老子》里的一句话。

“视之不见，名曰‘夷’；听之不闻，名

曰‘希’；搏之不得，名曰‘微’。”老子相信“道”是存在的，但是想看却看不见，想听又听不到，想要伸手去摸，更是触摸不到。

“这‘搏’和你名字的‘抟’很像，朕就把剩下的‘希夷’两字，赐你当号吧。”

这名号是皇帝赐赠的，大家从那时候开始，就称呼我为“希夷先生”。

但是，我更喜欢人家叫我“睡仙”，毕竟睡觉才是我的真本事！

“呵呵——睡仙，你醒了吗？”

是吕洞宾来找我了，我得去问问他现在是什么朝代了。

原典欣赏

视之不见，名曰“夷”；听之不闻，名曰“希”；搏之不得，名曰“微”。此三者不可致诘，故混而为一。其上不皦，其下不昧。绳绳兮不可名，复归于无物。是谓无状之状，无物之象，是谓惚恍。迎之不见其首，随之不见其后。

——《老子·第十四章》（节录）

看它却什么都没看见，叫作“夷”；听它却什么都没听见，叫作“希”；摸它却什么都没摸到，叫作“微”。这三者无法追究清楚，它们是浑然一体的。它的上面既不光明，下面也不阴暗，无边无际又不可名状，一切又还原到无形无象的状态。这就是没有形态的形状，没有物体的形象，这就是“惚恍”。迎着它会看不见它的前面，跟随它又会看不见它的后面。

19 / 温庭筠说：老井、老桧、老君庙

我是温庭筠，朋友都叫我“温八叉”，这个名字的来源很有意思。

每次参加考试，写文章的时候，我常会不知不觉地十指交叉着思考，似乎这样就能想出要写的句子。

十指交叉，静静一想，低头细写——这样重复八次之后，一篇赋就完成了。这事情传了开来，朋友都叫我“温八叉”，赞美我才思敏捷，文章写得快。

不过，朋友也常叫我“温钟馗”，因为我长得丑，而且丑到有点吓人。叫我“温八叉”“温钟馗”都没有关系，虽然我长得丑，可是我写诗填词、弹琴吹笛样样都拿手。

今天，信步来到“老君庙”前，我感觉写诗的灵感又来了。

从周朝到现在的唐朝，时间长得像老婆婆织布机前的线纱，没有间断过。老子的诞生地——现在的老君庙附近，还是笼罩在薄薄的紫色雾气里。

我站在老君庙前，怀念过去那个担任国家图书馆馆长的老先生。他留下来的《老子》，已经成为重要的

经典著作；他的学问，也成为重要的学说。

村子里的九口古井，依然在原来的地方，好像在告诉人们：没错，就是这里，这里就是老子的诞生地。九口古井没有因为年代久远而干涸，也没有因为圣人的名气而停止使用，它们仍然尽责地涌出井水，养活附近人家。

平直的涡河，从老君庙前静静流过。夕阳西下，我站在老君庙前，看着一艘艘扬着风帆的船，在金色的河水中，慢慢往天边驶去。

深秋的黄昏里，隐阳山还在，但是低缓的青牛峰已经无处可寻。很多人都相信，老子骑乘的青牛，就是那座青牛峰幻化而成的，青牛一直蛰伏在这里，就是为了等待主人来骑乘。

老子骑着青牛，往函谷关而去，在关口被关令尹喜留住。尹喜希望老子能留下一点什么再离开，于是老子在函谷关旁的楼观台停留了几天，留下五千多字，就是现在的《老子》。

老子骑着青牛，往西而去，据说，他到达西北方边境，许多在那里隐居的人，都成为他的朋友。他们跟随老子学习炼制金丹的方法，想要让自己长生不老。

流传千年的说法，是老子就在西北方边境养生修道，最后成为神仙。

这些事已经过去一千多年了，老子停留过的地方、老子讲学的地方、老子走过的道路，一处一处，到现在还留存在人们的记忆里，一代传一代。

老君庙里供奉的太上老君，高达九尺，又白又长的眉毛、厚实圆润的耳垂，看起来长寿健康。

太上老君脚踏着八卦，四周有各种神兽护卫：左边是十二青龙，右边是二十六白虎，前面是二十四朱雀，后方是七十二玄武。

在太上老君两侧，还摆放着唐代开国以来的帝王圣像，更显得老子地位尊贵。

老子曾经感叹没有人了解他、没有人懂得他，所以他离开中原。现在老子穿着华丽的服饰，升格为神仙，我们又了解他了吗？老子一向主张“清静”“无为”，我们这样供奉他，他是不是真的喜欢？

不管这些了，这些问题永远没有答案，让我们继续走下去看看。九口古井里，井水清澈无比，九井之间互相连通，从一口井里取水，其他的井水也会受到波动。

三棵千年老桧树，从殷周活到现在，幼年

的老子曾经在这老桧树下游戏。老君庙外面依旧是一片桧树林，林木苍翠劲拔，像一个个身体硬朗的老翁。

再往涡河走去，老子的母亲就埋葬在那里。人们在坟墓旁兴建“李母庙”，并且立了一块石碑，纪念这位伟大的母亲。

我在河边徘徊很久，夕阳余晖把船帆越推越远。天冷了，被山岭围绕的老君庙，还有附近的一景一物，都散发着温润的光辉。

今晚我就停留在这里，为老君庙写一首诗吧——

紫气氤氲捧半岩，莲峰仙掌共巉巉。

庙前晚色连寒水，天外斜阳带远帆。

百二关山扶玉座，五千文字閟瑶缄。

自怜金骨无人识，知有飞龟在石函。

原典欣赏

《老君庙》译文：

祥瑞的紫气，笼罩着层层叠叠的山峦，莲华峰、仙掌岩和附近陡峭的山峰，好像在互相比较谁更险峻。老君庙前，金色夕阳洒在秋天的河面上，远处点点船帆在寒冷的河流里徐徐前进。

老君庙坐落在这形势险要的山峰之中，老子留下的五千多字的《老子》隐藏在玉箱。老子感叹没有人了解他，所以像神仙一样向西而去，但是我知道，他留下来的典籍，会像隐藏在石匣中的仙丹灵药一样，留传久远。

20/ 艾瑞克说：令人敬仰的老子

我是一个“老外”，一个仰慕中华文化的“老外”。如果问我最喜欢中华文化的什么，我一定会说，那当然是“老子”！

我知道“老子”是两千多年前，中国古代一个很有想法的人。他的想法一直流传到现在，就连我们老外也觉得这是很珍贵的东西。

所以我们“老外”看“老子”，越看越可爱，越看越稀奇。

“老子”为什么会像流行风潮一样，在我

们美国盛行？这就要提一提另一位“老外”——罗纳德·里根。

里根是我们美国第四十任总统，他连任两届。在一九八七年的国情咨文里，里根总统引用老子的话，当作管理我们美国的方法——

老子说，管理大的国家，要像煎小鱼一样，不要常常翻动，免得弄碎了鱼肉。

不要以为煎小鱼很容易，那不是简单的事。火太大了会烧焦，火太小了容易碎；又细又嫩的小鱼，一点儿也不好煎。

里根总统就是要用这种小心的态度来治理国家。老子常用容易明白的道理来说明最困难的事，他真是一个有智慧的人，所以老子感动了我们老外。

里根总统说完这句话之后，《老子》这本书，

立刻像龙卷风一样，横扫我们美国，大家马上去买来看。

有的人用心翻译《老子》，有的人认真读翻译好的《老子》，大家都对这本书产生兴趣，我也是在这个时候，开始研究这本书的。

我喜欢这本书，可惜它的道理有点深，翻译成英文了，我还是看不大懂，我很希望有人能慢慢地解释给我听。不过我能读懂的地方，我都觉得很感动。

“别人随口答应的话，不能太相信。把事情看得太容易，反而会遇到很多困难。”这句话就是告诉我们，任何事情都要慎重地想清楚。

“天地之所以能长久，就是因为天地不自私，不为自己着想，所以才能天长地久。”这句话是告诉我们不要只想着自己，要像天、地一样，为别人付出。

《老子》被翻译成很多种语言。许多有名的学者，像俄国大文学家列夫·托尔斯泰，也对《老子》很有感觉。自从他接触到中华文化里的孔子、老子之后，就深深着迷、不断研究。

有一次，一名出版家询问托尔斯泰，世界上哪些作家和思想对他的影响最深，托尔斯泰毫不犹豫地答复："中国的孔子、孟子对我的影响很大，老子对我的影响更是巨大。"

古老中国有这些哲人，真是中国人的荣耀哇！

德国大哲学家马丁·海德格尔，也曾经把《老子》翻译成德文，但是他只译了八章就停下来了，因为《老子》不容易翻译。

世界上有那么多人，花了很大的功夫去翻译这本书，就是因为这是一本值得大家去读的书。我能接触到《老子》，也是因为有那么多人愿意翻译它。

在我们国家，有一个女士名叫厄休拉·勒古恩，她写过很多吸引人的书，比如《地海巫师》《地海古墓》《地海彼岸》等。在她的书里，充满了东方文化的味道，这都是因为她受到老子很深的影响。

她除了创作，还花了四十余年研究、翻译《老子》。一本书要花四十几年才能翻译好，肯定是很难懂的。要翻译一本很难懂的书，如果不是因为浓厚的兴趣，早就放弃了。

老子是中国两千多年前伟大的哲学家，他的《老子》被翻译成各种不同的语言，让全世界的人都能读懂它。

老子不仅是中国人敬仰的人，也是我和许许多多“老外”敬仰的人。

原典欣赏

天长地久。天地所以能长且久者，以其不自生，故能长生。是以圣人后其身而身先，外其身而身存。非以其无私邪？故能成其私。

——《老子·第七章》

人们总是赞叹天地的久远。天地之所以可以长久存在，那是因为它不自私独生，所以能够长久生存。因此，圣人把自己置于众人的最后，他反而受到尊崇而成为领袖；把自身置之度外，他反而能保全自身。这不正是由于他无私，反而成全了他的理想吗？

《老子》中的成语选

以下这些常用的成语，都是出自《老子》这本书哦！

天长地久	像天地一样长久。指时间悠远长久。
	典 天长地久。天地所以能长且久者，以其不自生，故能长生。（《老子·第七章》）
	译 人们总是赞叹天地的久远。天地之所以可以长久存在，那是因为它不自私独生，所以能够长久生存。
金玉满堂	原来形容极为富有，后来也比喻学识丰富，还比喻充满吉祥。
	典 金玉满堂，莫之能守；富贵而骄，自遗其咎。（《老子·第九章》）
	译 满屋金银财宝，能守得了多久呢？有钱又到处炫耀，是自取灾祸呀！
功成身退	功业建成后自己就引退了。亦作“功遂身退”。
	典 功成，名遂，身退，天之道。（《老子·第九章》）
	译 成就有了，名分有了，自己便引退，这正是上天之道。

被褐怀玉	“被”发音同“批”。比喻有才华而不显露于外，或出身贫贱而有真才实学。
	典 知我者希，则我者贵，是以圣人被褐怀玉。（《老子·第七十章》）
	译 了解我的人已经很少，能实践我的想法的人更是少而珍贵。所以圣人就像身穿粗布衣服而怀揣美玉一样深藏不露。
大器晚成	比喻能取得重大成就的人要经过长期的磨炼，所以成功较晚。
	典 大方无隅，大器晚成，大音希声，大象无形。（《老子·第四十一章》）
	译 最方正的东西好像没有棱角，最贵重的器物总是最后完成，最大的乐声反而听起来无音响，最大的形象反而看不见形迹。
祸福相倚	祸与福相因而生，比喻坏事可以引出好的结果，好事也可以引出坏的结果。
	典 祸兮，福之所倚，福兮，祸之所伏。孰知其极？（《老子·第五十八章》）
	译 祸患呀，带来的也许是福分；福分呀，也许隐含着祸患。谁知道它们最终的结果？

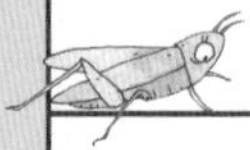

哀兵必胜	指受压迫或遭受危难的一方，因怀有悲愤的情绪而奋起反抗，必能克敌制胜。
	典 故抗兵相加，哀者胜矣。（《老子·第六十九章》）
	译 在兵力相当的对战中，悲愤的一方必定能获胜。
自知之明	指透彻了解自己（多指缺点）的能力。
	典 知人者智，自知者明。（《老子·第三十三章》）
	译 能了解别人，就是有智慧；能了解自己，就叫作明智。
小国寡民	国家小，百姓少。后常用作谦辞。
	典 小国寡民，使有什伯人之器而不用，使民重死而不远徙。（《老子·第八十章》）
	译 国家小，人口少，即使拥有十倍百倍人工的器械也不使用，使人民重视生命而不向远方迁徙。
天网恢恢，疏而不漏	天道像一个网，极为广阔，作恶者逃不出天道的惩罚。现形容作恶者终究难逃国法的制裁。
	典 天网恢恢，疏而不失。（《老子·第七十三章》）
	译 上天的道，如同浩瀚缥缈的大网，稀疏得似乎看不见，却没有什么可以漏网逃脱。

大巧若拙	很聪明、灵巧的人，表面上好像很笨拙。
	典 大直若屈，大巧若拙，大辩若讷。（《老子·第四十五章》）
	译 最平直的东西，看起来好像弯曲的；最灵巧的东西，看起来好像很笨拙；最善辩的人，说话好像口舌迟钝一般。
功成不居	本指任其自然存在，不去占为己有。后引申为建立了功劳而不归功于自己。
	典 生而不有，为而不恃，功成而弗居。（《老子·第二章》）
	译 创造万物，却不据为己有；养育万物，却不自认有恩惠；事情做成功了，却不自认有功劳。
不言之教	不运用言语而进行的教化。指以身作则而达到教化的目的。
	典 是以圣人处无为之事，行不言之教。（《老子·第二章》）
	译 所以圣人以无为的态度处理世事，施行不用政令干涉的教化措施。

老死不相往来	到老到死，互相不来往。比喻人彼此间互不来往，互不联系。
	典 邻国相望，鸡犬之声相闻，民至老死，不相往来。（《老子·第八十章》）
	译 相邻的国家能相互看见对方的情形，鸡、狗的叫唤声彼此可以听见，人民从出生到老死，互相都不往来。
出生入死	原指人从出生到死亡的过程。后指冒着生命危险从事某项事业。
	典 出生入死。生之徒，十有三；死之徒，十有三；人之生，动之于死地，亦十有三。（《老子·第五十章》）
	译 人出世为生，入地为死。能够长寿的人有十分之三；短命夭折的人有十分之三；本来可以活得长久些，却因自己妄为而走向死亡的人，也占十分之三。
受宠若惊	因为得到宠爱或赏识而感到意外地高兴、不安。
	典 得之若惊，失之若惊，是谓宠辱若惊。（《老子·第十三章》）
	译 得到宠爱感到意外惊恐，失去宠爱感到惊慌不安，这就叫作得宠和受辱都感到惊恐。

根深蒂固	比喻基础深厚，不容易动摇。	
	典 有国之母，可以长久，是谓深根固柢，长生久视之道。（《老子·第五十九章》）	
	译 掌握了统治国家的根本之道，就可以长治久安。这就是根深而牢固、长久生存的道理。	
无中生有	在没有中生出有来。后比喻毫无事实，凭空捏造，把没有的事情说成有的。	
	典 反者道之动；弱者道之用。天下万物生于有，有生于无。（《老子·第四十章》）	
	译 道的运动是循环的，道的作用是柔弱的。天下万物都因“有”而生，但是“有”却是生于“无”。